РУССКИЙ ЯЗЫК ДЛЯ ДЕТЕЙ

СОРОКА 1

УЧЕБНИК

ВТОРОЕ ИЗДАНИЕ

**MARIANNA AVERY
SOROKA. RUSSIAN FOR KIDS
STUDENT'S BOOK 1
2ND EDITION**

Avery M.
Soroka 1: Russian for Kids: Student's Book. - 2nd edition. - New Orleans: Avery M., 2017. - 70 p., il.

Illustrated by dobrkt.

Copyright © 2017 Marianna Avery
All right reserved.

www.facebook.com/marianna.avery/
www.facebook.com/groups/avery.soroka/

УРОК 1
КАК ТЕБЯ ЗОВУ́Т?

1

Приве́т, я Аня!

Приве́т, я Во́ва!

Приве́т, я Ви́ка. Как тебя́ зову́т?

УРОК 1

АЛФАВИ́Т

a б в г д е
ё ж з и й к
л м н о п р
с т у ф х ц
ч ш щ ъ ы ь
э ю я

УРОК 1

ЭТО ВО́ВА

1. — Приве́т
— Приве́т

2. — Как тебя́ зову́т?
— Меня́ зову́т Макси́м

3. — Кто э́то?

4. — Э́то Во́ва

5. — Приве́т, Во́ва
— Макси́м!
— Приве́т, Макси́м

6. — Пока́, Аня! Пока́, Во́ва!

УРОК 1

КТО ЭТО?

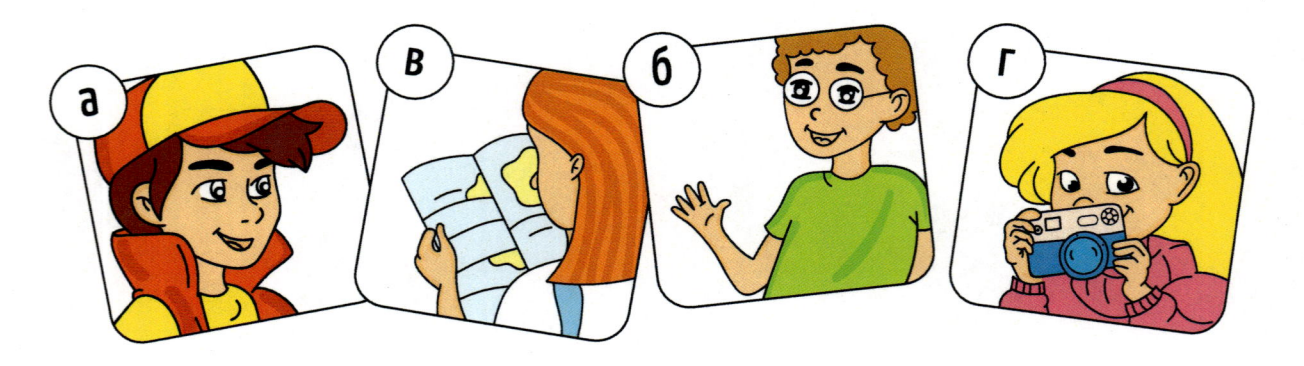

Прочитáй и соединí.   Аня   Вóва   Максíм   Вíка

а   в   б   г

Игрá.

Кто э́то?

Привéт, Аня!

Это Вóва!

Да, прáвильно!

УРОК 2

5

ЧТО ОНА́ ДЕ́ЛАЕТ?

1. Ви́ка сиди́т.

2. Ви́ка ест.

3. Ви́ка идёт.

4. Ви́ка бежи́т.

5. Ви́ка спит.

6. Ви́ка чита́ет.

ИГРА́

Во́ва спит

Аня чита́ет

УРОК 2

ДÓБРОЕ ÝТРО

1. — Дóброе ýтро!
— Дóброе ýтро!

2. — Как делá?
— Спасúбо, хорошó. А у тебя?

3. — Тóже хорошó. Спасúбо.

4. — Привéт!
— Привéт!
— Привéт!

5. — Как делá?
— Спасúбо. Хорошó.
— Хорошó.

УРОК 2

ЧТО ЭТО?

Посмотри́ и скажи́.

- каранда́ш
- стул 
- лине́йка 
- ла́стик 
- портфе́ль 
- ру́чка 
- кни́га 
- стол 

Тепе́рь посмотри́ и скажи́.

— Что э́то?
— Э́то ру́чка

УРОК 2

ЗАДА́НИЕ

8

Соедини́:

А. До́брое .... э́то?
Б. Что .... дела́?
В. Как .... у́тро!
Г. Кто .... зову́т?
Д. Как тебя́......... ..... э́то?

УРОК 3

ЧИ́СЛА

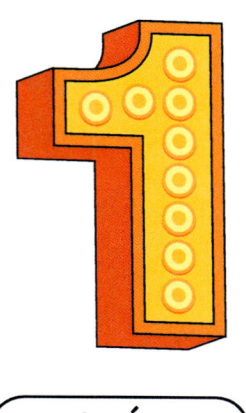

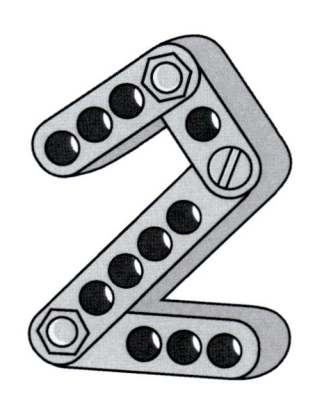

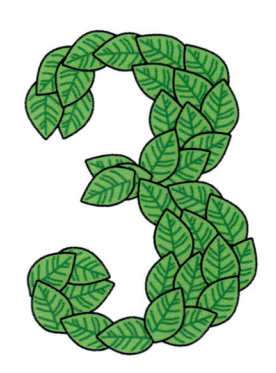

1 оди́н

2 два

3 три

4 четы́ре

5 пять

6 шесть

7 семь

8 во́семь

9 де́вять

10 де́сять

УРОК 3

СКОЛЬКО ТЕБЕ ЛЕТ?

1. — Сколько тебе лет, Аня?

2. — Мне девять лет.

3. — Вова, сколько тебе лет?
— Мне семь лет.

4. — Вика, сколько тебе лет?

5. — Мне тоже семь лет.

УРОК 3

МА́ЛЬЧИК-МА́ЛЬЧИКИ, ДЕ́ВОЧКА-ДЕ́ВОЧКИ

1. Де́вочка
2. Де́вочки
3. Ма́льчик
4. Ма́льчики

Де́вочки едя́т.

Ма́льчики бегу́т.

Ма́льчики чита́ют.

Де́вочки спят.

Де́вочки иду́т.

Ма́льчики сидя́т.

УРОК 3

НО́МЕР ТЕЛЕФО́НА

237-29-73

91632
75868
94312
75468
85791
39642

Игра́

де́вять

9

5

пять

УРОК 4

13

Послу́шай, посмотри́ и покажи́ на карти́нке.
Пото́м спроси́ и отве́ть.

Что э́то?

Это мяч.

ло́дка

мяч

маши́на

самолёт

ку́кла

компью́тер

велосипе́д

УРОК 4

У ТЕБЯ ЕСТЬ МЯЧ?

1 — У тебя есть книги?
— Да, у меня есть книги.

2 — У тебя есть мяч?
— Да, у меня есть мяч.

3 — Дай, пожалуйста, мяч.

4 — На, возьми.
— Спасибо!

5 — У меня есть велосипед.
— У тебя есть велосипед.

УРОК 4
ИГРА́: ЧТО Э́ТО?

Соста́вить предложе́ния.

1. (меня) (есть) (у) (кукла) ➡ (у) (меня) (есть) (кукла)
2. (возьми) (На,)
3. (лет) (Сколько) (тебе?)
4. (семь) (Мне) (лет)

УРОК 4

16

ИГРА: ПОСЛУ́ШАЙ И НАЙДИ́.

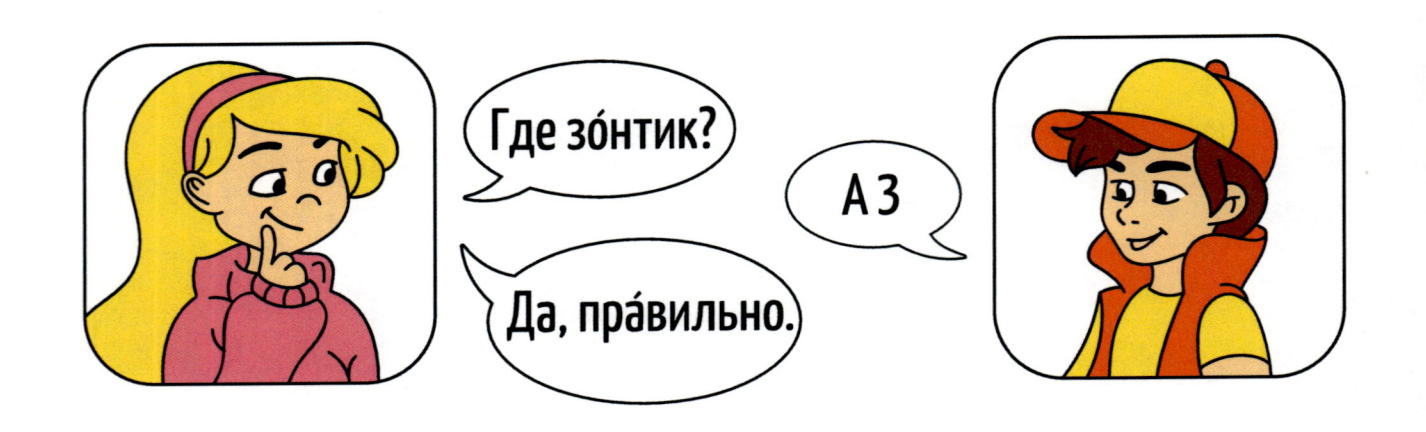

Где зо́нтик?

А3

Да, пра́вильно.

	А	Б	В	Г	Д	Е
1						
2						
3						
4						

УРОК 5

ЭТО АНЯ, ЕЙ ДЕ́ВЯТЬ ЛЕТ.

Его́ зову́т Макси́м.
Ему́ во́семь лет.

Его́ зову́т Во́ва.
Ему́ семь лет.

Меня́ зову́т Во́ва.
Мне семь лет.

Меня́ зову́т Макси́м.
Мне во́семь лет.

Меня́ зову́т Аня.
Мне де́вять лет.

Меня́ зову́т Ви́ка.
Мне семь лет.

Её зову́т Ви́ка.
Ей семь лет.

Её зову́т Аня.
Ей де́вять лет.

УРОК 5

Э́ТО МА́ЛЬЧИК, ЕГО́ ЗОВУ́Т МАКСИ́М.

Это ма́льчик.
Его́ зову́т Макси́м.
Ему́ де́вять лет.
У него́ есть мяч.

Это де́вочка.
Её зову́т А́ня.
Ей де́вять лет.
Она́ ест я́блоко.

УРОК 5

СОЕДИНИ́

- Приве́т! Как дела́?
- А как у тебя́?
- Меня́ зову́т Во́ва.
- Как тебя́ зову́т?
- Это ло́дка.
- Это Во́ва.
- Ско́лько тебе́ лет?
- Хорошо́.
- Кто э́то?
- На, возьми́.
- У тебя́ есть кни́га?
- То́же хорошо́.
- Мне семь лет.
- Что э́то?
- Дай, пожа́луйста, мяч.
- Да, у меня́ есть кни́га.

19

УРОК 5

ИГРА „БИНГО"

мяч	ку́кла	компью́тер	велосипе́д
маши́на	ло́дка	самолёт	письмо́
зо́нтик	слон	каранда́ш	лине́йка
портфе́ль	ру́чка	тетра́дь	ла́стик
стол	апельси́н	я́щик	я́блоко

УРОК 6

21

ЧТО МЫ ЕДИ́М И ПЬЁМ.

ко́фе

вода́

бутербро́д

яйцо́

рис

чай

хлеб

молоко́

ПОСМОТРИ́ И СКАЖИ́.

Что ты ешь?

Я ем бутербро́д.

Что ты пьёшь?

Я пью чай.

УРОК 6

1.
— У тебя вода?
— Нет, у меня чай.

2.
— Ты пьёшь чай?
— Да, я пью чай.
— Я тоже пью чай.

3.
— Они пьют молоко. Они не пьют чай.

4.
— У тебя молоко и рис?
— Нет, у меня чай и бутерброд.

УРОК 6

Что мы едим? Что ты ешь?

Что мы пьём? Что ты пьёшь?

УРОК 6

ИГРА́

1. Я пью молоко́.
2. Ты пьёшь чай! — Нет, непра́вильно.
3. Ты пьёшь молоко́! — Пра́вильно.
4. Я ем рис.
5. Ты ешь рис.

УРОК 7

(25)

ЦВЕТА́

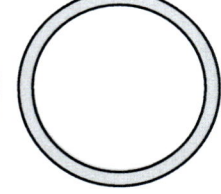

чёрный   бе́лый   голубо́й   зелёный   жёлтый   кра́сный

КАКО́ГО ЦВЕ́ТА?

я́блоко зелёное    молоко́ бе́лое    маши́на зелёная

ло́дка зелёная    зо́нтик зелёный    рис бе́лый

Како́го цве́та кни́га?

Кни́га кра́сная.

У тебя́ есть голубо́й каранда́ш?
Да, у меня́ есть голубо́й каранда́ш.
1
У него́ есть кра́сный мяч.
2
Дай мне, пожа́луйста, я́блоко.
Како́е? Кра́сное, жёлтое и́ли зелёное?
Зелёное.
3
Како́го цве́та велосипе́д?
Он жёлтый.
4
У него́ бе́лая или чёрная маши́на?
У него́ бе́лая маши́на.
5

УРОК 7

27

СОЕДИНИ

рис	молоко́	лине́йка	бе́л**ый** / бе́л**ое** / бе́л**ая**
каранда́ш	ру́чк**а**	я́блок**о**	зелён**ый** / зелён**ая** / зелён**ое**
я́блок**о**	маши́н**а**	мяч	кра́сн**ый** / кра́сн**ая** / кра́сн**ое**
	каранда́ш	маши́н**а**	чёрн**ый** / чёрн**ая**
ло́дк**а**	портфе́л**ь**	я́блок**о**	жёлт**ый** / жёлт**ая** / жёлт**ое**
тетра́д**ь**	самолёт	письмо́	голуб**а́я** / голуб**о́й** / голуб**о́е**

28

УРОК 7

ИГРА́

Покажи́ мне, где чёрный каранда́ш?

Вот чёрный каранда́ш.

УРОК 8

МОЯ́ СЕМЬЯ́

па́па
ма́ма
сын
ба́бушка
де́душка
дочь

УРОК 8

МОЯ СЕМЬЯ

1. Это моя семья. Это я, Аня.

2. Вот мой мама и папа.

3. Это моя мама. Её зовут Галина. Я её дочь.

4. Это мой папа. Его зовут Юрий. Я его дочь.

5. Это мой брат Вова.

6. Это мой бабушка и дедушка.

УРОК 8

(31)

СОЕДИНИ

моя́ моё мой́ мой

УРОК 8

ИГРА́: КТО Я?

Ви́ка | **Макси́м** | **Во́ва** | **А́ня**

1. Ты Макси́м.

2. Хорошо́, я Макси́м.

3. Ты де́вочка? — Нет, я не де́вочка.

4. Ты ма́льчик? — Да, я ма́льчик.

5. Тебе́ во́семь лет? — Да, мне во́семь лет?

6. Ты Макси́м. Пра́вильно! Я Макси́м.

УРОК 9

33

ПОСМОТРИ́ И СКАЖИ́

высо́кое де́рево

дли́нный хвост

коро́ткий хвост

ни́зкое де́рево

ма́ленькая коро́бка

больша́я коро́бка

УРОК 9

У ТЕБЯ́ ЕСТЬ?

— У тебя́ есть большо́й зо́нтик?
— Да, есть.
— У тебя́ есть зелёное я́блоко?
— Да, есть.
— У тебя есть коро́ткая лине́йка?
— Нет.

УРОК 9

ПОКАЖИ́ И СКАЖИ́

35

УРОК 9

ИГРА: МОЯ КОРОБКА

У тебя есть большое яблоко? — Да, есть.
У тебя есть маленькая машина? — Да, есть.
У тебя есть длинный карандаш? — Нет.
Твоя коробка жёлтая? — Правильно!

УРОК 10

МОЯ КО́ШКА ЛЮ́БИТ ИГРА́ТЬ

37

Это моя́ ко́шка. Её зову́т Му́рка. Она́ лю́бит спа́ть, есть и игра́ть.

Это моя́ соба́ка. Его́ зову́т Ша́рик. Он лю́бит гуля́ть и бе́гать. Он не лю́бит спа́ть.

УРОК 10

КТО ЧТО ЛЮ́БИТ ДЕ́ЛАТЬ

1. Я люблю́ чита́ть кни́ги.

2. Я люблю́ бе́гать и игра́ть, я не люблю́ сиде́ть.

3. Во́ва, что ты лю́бишь де́лать?

4. Я люблю́ игра́ть, я не люблю́ спать.

УРОК 10

Я ЧИТА́Ю КНИ́ГУ

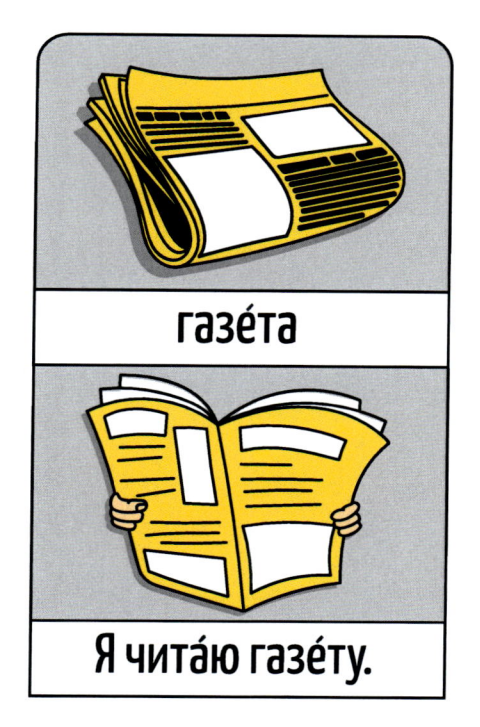

газе́та	кни́га	письмо́
Я чита́ю газе́ту.	Я чита́ю кни́гу.	Я чита́ю письмо́.
вода́	чай	ко́фе
Я пью во́ду.	Я пью чай.	Он пьёт ко́фе.

УРОК 10

ИГРА: ЧТО ТЫ ДЕЛАЕШЬ?

1. Я читаю книгу.

2. — Ты читаешь письмо?
— Нет, я не читаю письмо.

3. — Ты читаешь газету?
— Нет, я не читаю газету.

4. — Ты читаешь книгу?
— Да, я читаю книгу.

1. Я пью чай.

2. — Ты пьёшь кофе?
— Нет, я не пью кофе.

3. — Ты пьёшь воду?
— Нет, я не пью воду.

4. — Ты пьёшь чай?
— Да, я пью чай.

УРОК 11

41

óблако
нéбо
сóлнце
дом
окнó
рекá

Дóброе у́тро!   Дóбрый день!   Дóбрый вéчер!

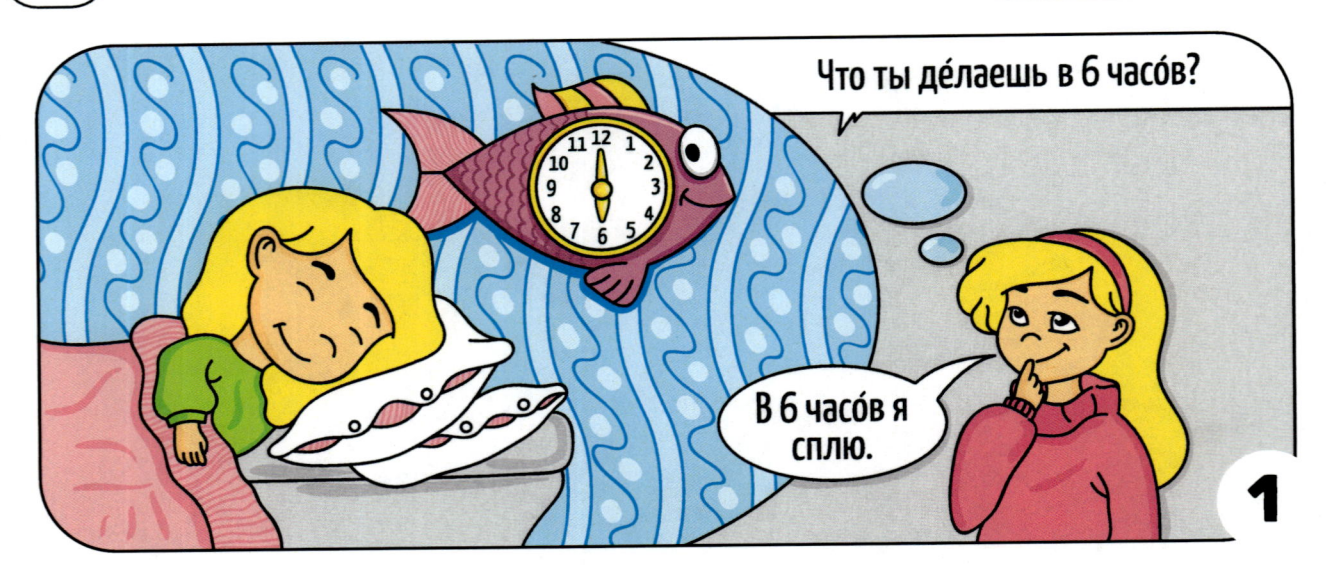

УРОК 11

42

1. Что ты делаешь в 6 часов?
— В 6 часов я сплю.

2. Что ты делаешь в 9 часов?
— В 9 часов я в школе.

3. Что ты делаешь в 1 час?
— В час я обедаю.

4. Что ты делаешь в 2 часа?
— В 2 часа я иду домой.

5. Что ты делаешь в 3 часа?
— В 3 часа я гуляю.

УРОК 11

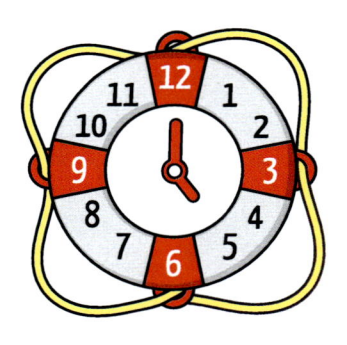

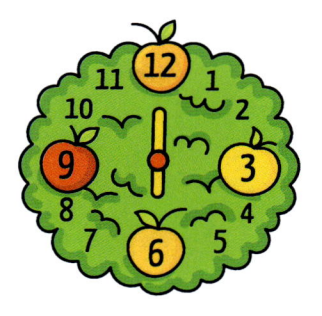

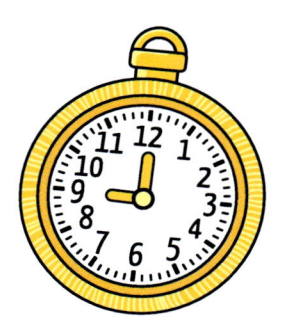

СКÓЛЬКО ВРÉМЕНИ? КОТÓРЫЙ ЧАС?

1 час.

2 часá.

3 часá.

4 часá.

5 часóв.

6 часóв.

7 часóв.

8 часóв.

9 часóв.

10 часóв.

11 часóв.

12 часóв.

УРОК 11

СКОЛЬКО ВРЕ́МЕНИ?

| Оди́н час | Три часа́ | Четы́ре часа́ | Де́вять часо́в | Пять часо́в | Двена́дцать часо́в |

ТВОЙ ДЕНЬ.

1. — Что ты де́лаешь в пять часо́в?
— В пять часо́в я гуля́ю.

2. — Что ты де́лаешь в оди́ннадцать часо́в?
— В оди́ннадцать часо́в я сплю.

3. — Что ты де́лаешь в два часа́?
— В два часа́ я чита́ю.

4. — Что ты де́лаешь в час?
— В час я ем.

УРОК 12

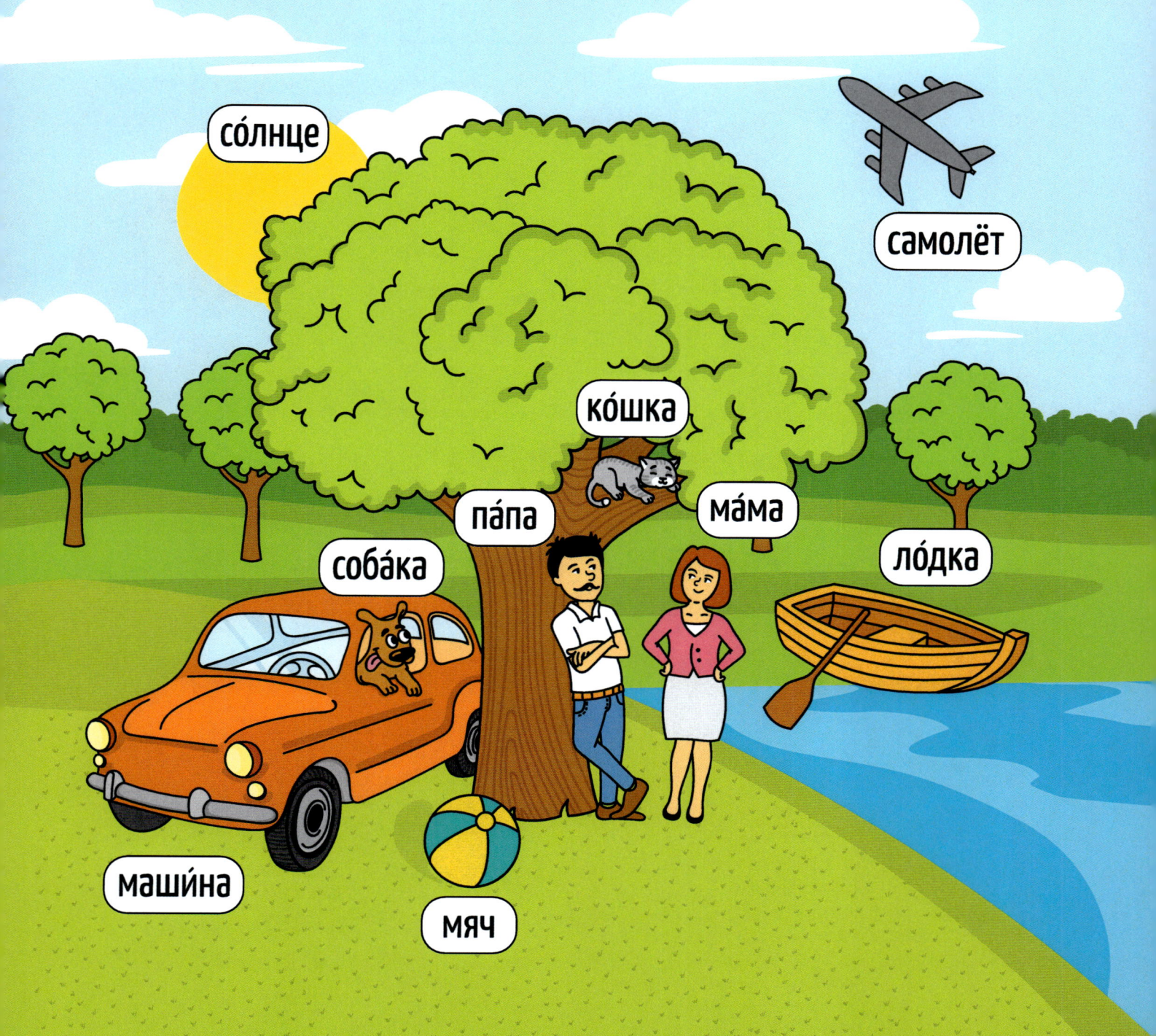

45

- о́блако
- со́лнце
- самолёт
- ко́шка
- па́па
- ма́ма
- ло́дка
- соба́ка
- маши́на
- мяч

УРОК 12

ГДЕ МОЯ КОШКА?

1. Где моя кошка? Вы не видели мою кошку?

2. — Может, она играет на траве?
— Нет, она не играет на траве.

3. — Может, она сидит на дереве?
— Нет, она не сидит на дереве.

4. — Может, она пьёт молоко на кухне?
— Нет, она не пьёт молоко.

5. — Может, она спит в коробке?
— Конечно! Вот она! Она спит в коробке!

УРОК 12

47

ЧТО В КОРО́БКЕ?

-Где ку́кла?
-Ку́кла в ло́дке.

-Где чай и вода́?
-Чай и вода́ на столе́.

ЧТО В КОРО́БКЕ?

Это коро́бка. Что в коро́бке?

У меня́ в коро́бке кни́га.

У меня́ в коро́бке мяч.

У меня́ в коро́бке ку́кла.

УРОК 12

48

СОСТА́ВЬ ПРЕДЛОЖЕ́НИЯ ИЗ СЛОВ.

соба́ка • в • лю́бит • траве́ • Моя́ • игра́ть

Моя́ соба́ка лю́бит игра́ть в траве́.

кот • спать • Мой • коро́бке • лю́бит • в

_____

на • Кра́сный • мяч • сту́ле

_____

коро́бка • на • Больша́я • столе́

_____

маши́не • Ма́ма • и • сидя́т • в • па́па

_____

велосипе́д • неё • кра́сный • У

_____

УРОК 13

ОДЕ́ЖДА

брю́ки · блу́зка · пла́тье · джи́нсы

руба́шка · футбо́лка · ю́бка

носки́ · кроссо́вки · ту́фли

50   УРОК 13

СОЕДИНИ́

(бе́лый) (бе́лая) (бе́лое) (бе́лые)

руба́шка	ту́фли	блу́зка	пла́тье	носки́
брю́ки	кроссо́вки	ю́бка	джи́нсы	футбо́лка
футбо́лка	ю́бка	руба́шка	кроссо́вки	пла́тье
носки́	джи́нсы	ту́фли	блу́зка	брю́ки

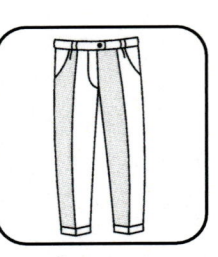

(голуба́я) (голубо́е) (голубо́й) (голубы́е)

УРОК 13

51

КТО НО́СИТ БЕ́ЛЫЕ КРОССО́ВКИ?

Па́ша

Ка́тя

Со́ня

Да́ша

Ми́ша

Ко́стя

УРОК 13

ИГРА́ С ВОПРО́САМИ

Во́ва: У тебя́ есть кра́сный велосипе́д?
Аня: Нет, у меня́ нет.
Во́ва: У тебя́ есть си́ние джи́нсы?
Аня: Да, есть.
Во́ва: У тебя́ есть жёлтое пла́тье?
Аня: Да, у меня́ есть.
Во́ва: У тебя́ есть бе́лая блу́зка?
Аня: Да, есть
Во́ва: У тебя́ карти́нка но́мер 3!

1
| Си́ние джи́нсы | зелёная кни́га | жёлтая руба́шка | бе́лая маши́на |

2
| кра́сная ю́бка | жёлтое пла́тье | си́ние джи́нсы | зелёные носки́ |

3
| кра́сный велосипе́д | бе́лая блу́зка | жёлтое пла́тье | си́ние джи́нсы |

4
| чёрные ту́фли | си́ний мяч | жёлтые носки́ | бе́лая блу́зка |

5
| жёлтый мяч | бе́лое пла́тье | си́ние кроссо́вки | бе́лые носки́ |

6
| зелёные носки́ | чёрные ту́фли | кра́сная руба́шка | голуба́я ю́бка |

УРОК 14

(53)

ТЫ В ЧЁМ?

Я в до́ме. / Я в бе́лом до́ме.

Я в маши́не. / Я в кра́сной маши́не.

Я в я́блоке. / Я в зелёном я́блоке.

Я в джи́нсах. / Я в си́них джи́нсах.

Я в пла́тье. / Я в жёлтом пла́тье.

Я в ю́бке. / Я в чёрной ю́бке.

УРОК 14

ТЕБЕ́ ТЕПЛО́?

Тебе́ хо́лодно?

Нет, я в тёплой ку́ртке!

Тебе́ тепло́?

Да, я в тёплых носка́х, брю́ках и руба́шке.

Тебе́ жа́рко?

Да, мне жа́рко! Я в ле́тнем пла́тье и в санда́лиях, но мне о́чень жа́рко!

УРОК 14

55

ТЫ В ЧЁМ?

большо́й ма́ленький но́вый

ста́рый тёплый ле́тний

ста́рый дом

но́вая маши́на

ма́ленькое я́блоко

больша́я ко́шка

тёплая ку́ртка

ле́тнее пла́тье

УРОК 14

56

ИГРА

Аня: Это ма́льчик и́ли де́вочка?
Во́ва: Это ма́льчик.
Аня: Он в чёрных джи́нсах и́ли в си́них джи́нсах?
Во́ва: Он в чёрных джи́нсах.
Аня: Он в кра́сной футбо́лке и бе́лых кроссо́вках?
Вова: Да, он в кра́сной футбо́лке и бе́лых кроссо́вках.
Аня: Это - Андре́й.
Во́ва: Да!

Ка́тя Лю́ба Андре́й Ма́ша Дени́с

УРОК 15 (57)

ЧТО НЕ ТАК?

УРОК 15

МОЯ СЕМЬЯ

Меня зовут Вика. Мне 7 лет. У меня велосипед. Я в белых кроссовках, синих джинсах и жёлтой футболке. Это моя семья: мой мама и папа, бабушка и дедушка, мой брат Максим. А это наша кошка и наша собака.

УРОК 15

59

СКОЛЬКО ВРЕМЕНИ?

1. Это моя кошка. Её зовут Мурка. Она любит спать, есть и играть.

2. В 7 утра Мурка любит пить воду.

3. В 10 часов Мурка любит играть на траве.

4. В 2 часа она любит спать в коробке.

5. В 6 часов она любит сидеть на стуле.

6. Что она любит делать в час ночи? Она любит гулять!

УРОК 15

ИГРА „БИ́НГО"

яйцо́	бутербро́д	хлеб	молоко́
кра́сный	чёрный	жёлтый	голубо́й
де́рево	хвост	коро́бка	ко́шка
соба́ка	газе́та	кни́га	дом
окно́	река́	о́блако	со́лнце

СОДЕРЖАНИЕ

Номер урока	Содержание урока	Номер страницы
Урок 1.	Знакомство, приветствие, прощание. Алфавит. Привет, я Вика. Как тебя зовут? Кто это? Это Вова. Пока.	Страница 1
Урок 2.	Действия. Формулы вежливости. Что она делает? – Она спит, играет и т.д. Как дела? – Спасибо, хорошо. А у тебя? – Тоже хорошо. Что это? Это ручка.	Страница 5
Урок 3.	Числа от 1 до 10. Возраст: вопрос – ответ. Множественное число существительных и глаголов. Сколько тебе лет? Мне 8 лет. Мальчики бегут.	Страница 9
Урок 4.	У тебя есть? Где? Просьба. Что это? Это мяч. Где мяч? У тебя есть книги? Дай мне, пожалуйста. Возьми. - Спасибо.	Страница 13
Урок 5.	Возраст и имя. Мне восемь лет, ему восемь лет. Это Аня, она девочка, ей 8 лет. Игра «Бинго» **Повторение. Контрольная работа 1**	Страница 17
Урок 6.	Еда. Что мы едим и пьем. Вопросительные и отрицательные предложения. Я ем и мы едим. Я пью и ты пьёшь. Что ты ешь? Я ем рис. У тебя молоко? Нет, у меня вода. Я пью воду.	Страница 21
Урок 7.	Цвета. Какого цвета? Покажи мне голубой мяч.	Страница 25
Урок 8.	Семья. Члены семьи. Мой, моя, моё, мои.	Страница 29

Номер урока	Содержание урока	Номер страницы
Урок 9.	Размеры. Покажи мне большой стол.	Страница 33
Урок 10.	Домашние животные. Моя кошка любит играть. Я читаю газету и пью чай. Повторение. Контрольная работа 2.	Страница 37
Урок 11.	Время суток. Спросить-ответить время. Повторение чисел от 1 до 10, числа 11 и 12. Утро, день, вечер. Что ты делаешь в 3 часа? Доброе утро! Добрый день! Добрый вечер! Сколько времени? 1 час, 2,3,4 часа. 5-12 часов.	Страница 41
Урок 12.	Место. Где? В траве, в доме, на улице. Где моя кошка? Она играет в траве.	Страница 45
Урок 13.	Одежда. Белые туфли, белое платье, белая юбка.	Страница 49
Урок 14.	Цвета одежды. Я в красных туфлях. Он в синих джинсах.	Страница 53
Урок 15.	Повторение. Контрольная работа 3	Страница 57

СОРОКА

ЧТО МЫ ЗНАЕМ ОБ УЧЕБНИКЕ?

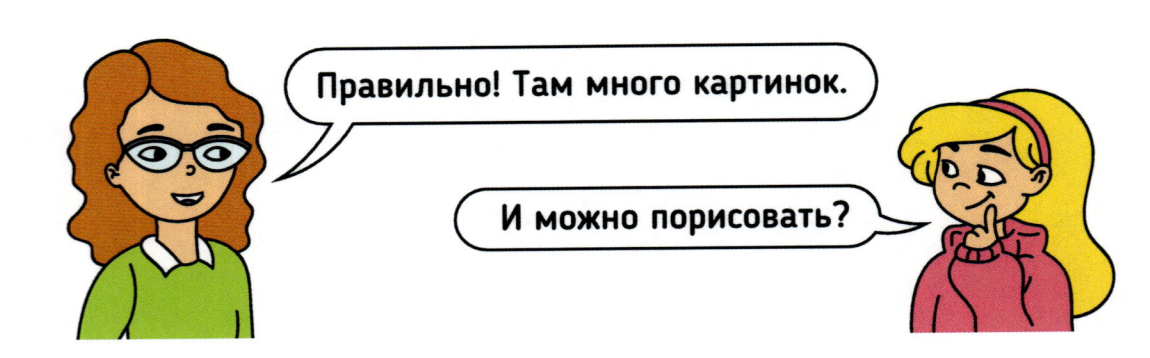

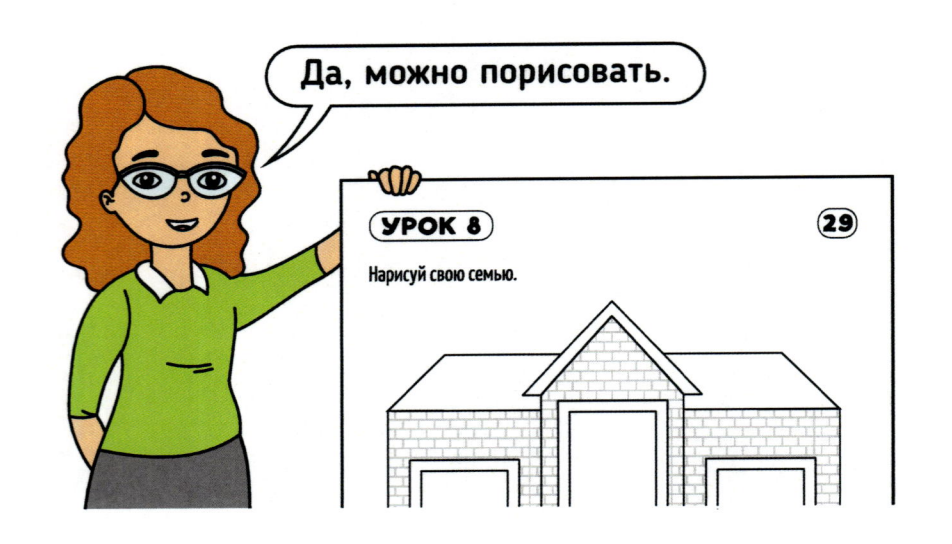

— Учебник РКИ для детей – это ....

— Много картинок?

— Правильно! Там много картинок.

— И можно порисовать?

— Да, можно порисовать.

УРОК 8 ㉙

Нарисуй свою семью.

— А кроссворды есть?
— Есть и кроссворды.

— А раскраски?
— Вот.

— Может, у Вас и комиксы есть?
— Да, комиксы тоже есть.

А поиграть?
Можно и поиграть.
Игра.
кто это?
Привет, Аня!
А почему у Вас одни страницы цветные, а другие - черно-белые?
Потому что у нас две книги.
СОРОКА
СОРОКА
Цветные страницы в учебнике.
УРОК 2
7
ЧТО ЭТО?
Посмотри и скажи.
карандаш
стул
линейка
ластик
портфель
ручка
книга
стол
Теперь посмотри и скажи.
Что это?
Это ручка
УРОК 15
57
ЧТО НЕ ТАК?

— А чёрно-белые – в рабочей тетради, чтобы можно было раскрасить и порисовать.

— Но это все один учебник?

— Да. Когда ты выучишь слова в учебнике, напишешь их в рабочей тетради.

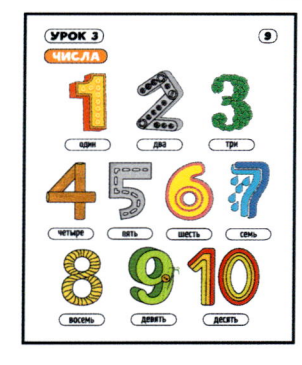

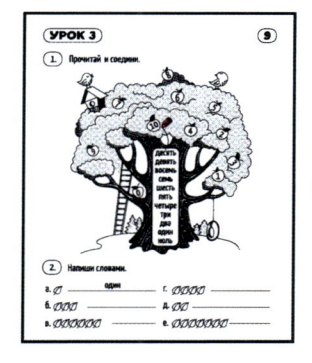

— У Вас же три книги, а не две!

— Это скучная книга для взрослых, там нет картинок. В ней рассказано, как работать с учебником.

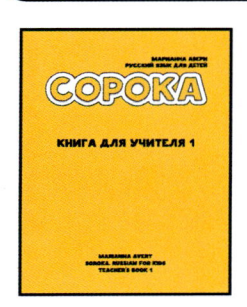

— А! Знаю! У Вас там ответы на задания. ДА?

— Совершенно верно. А еще там сценарии игр.

— Еще игры? Ура! Мы будем еще играть!

— Конечно, будем играть! А еще в этой книге контрольные.

— Контрольные? А разве мне нужно писать контрольные?

— Я думаю, что да, нужно. На уроке я слышу, как ты говоришь по-русски, но мне надо проверить, как ты умеешь читать и писать.

— Не волнуйся, ты справишься! Контрольные ведь тоже бывают интересные.

Допиши слова. [5 баллов]

Девочка в длинн*ой* юбк*е*,
6. болш__ туфл__,
7. бел__ блузк__,
8. стар__ шляп__,
9. в черн__ носк__,
10. на высок__ стул__.

Если остались вопросы – задай их в группе на Фейсбуке:
www.facebook.com/marianna.avery/
www.facebook.com/groups/avery.soroka/

Made in the USA
Middletown, DE
25 September 2023